SUPERESTRELLAS DEL BÉISBOL

ARAMIS RAMÍREZ

A LA CUMBRE!

Los Cerveceros de Milwaukee lo contratan, y Aramis gana el premio Slugger de Plata.

2011

Recibe el Premio Hank Aaron y participa en el Juego de las Estrellas.

2008

Aramis logra el 1000ésimo bateo de su carrera.

2006

Participa en su primer Juego de las Estrellas.

2005

Los Piratas lo venden a Los Cachorros de Chicago.

2003

Llega a las Ligas Mayores con Los Piratas.

1998

Los Piratas de Pittsburg lo contratan en la modalidad de agente libre.

1994

Aramis Ramírez nace en la República Dominicana.

1978

Mason Crest
370 Reed Road
Broomall, Pennsylvania 19008
www.masoncrest.com

Impreso y encuadernado en Estados Unidos de América

Primera Impresión
9 8 7 6 5 4 3 2 1

Library of Congress Cataloging-in-Publication Data

Rodriguez Gonzalez, Tania.
 [Aramis Ramirez. Spanish.]
 Aramis Ramirez / by Tania Rodriguez.
    p. cm.
 ISBN 978-1-4222-2640-7 (hardcover) – ISBN 978-1-4222-2617-9 (series hardcover) – ISBN 978-1-4222-9131-3 (ebook)
 1. Ramirez, Aramis, 1978–Juvenile literature. 2. Hispanic American baseball players–Biography–Juvenile literature. 3. Baseball players–United States–Biography–Juvenile literature. I. Title.
 GV865.R36R6413 2012
 796.357092–dc23
 [B]
                                            2012023088

Harding House Publishing Services, Inc.
www.hardinghousepages.com

RECONOCIMIENTOS GRÁFICOS:
Conde | Dreamstime.com: p. 4
Jerry Coli | Dreamstime.com: p. 19
Mangin, Brad: p. 2, 20, 22, 24, 25, 28
Robert Pernell | Dreamstime.com: p. 27
Todos las tarjetas de béisbol cortesía a la colección de Dennis Purdy.

ARAMIS RAMÍREZ

Capítulo 1

El Largo Camino Desde la República Dominicana

Aramis Ramírez ha recorrido un largo camino desde Santo Domingo en la República Dominicana. Hoy, él es una de las más importantes figuras del béisbol de las Grandes Ligas de la actualidad, jugando para grandes equipos como Los Osos de Chicago y Los Cerveceros de Milwaukee. Ha usado sus habilidades como bateador y tercera base para ascender en posiciones. Como todo deportistas, le ha tocado experimentar tiempos difíciles, pero su carrera apenas está empezando.

El camino de Aramis Ramírez a jugar en las Ligas Grandes comenzó cuando fue muy joven, como estes chicos en la República Dominicana.

Niñez

Aramis Nin Ramírez nació el 25 de junio de 1978 en Santo Domingo. Como muchos niños allá en la isla, pasaba la mayoría de su niñez jugando béisbol. ¡Si que valió la pena!

Aramis ha declarado que el beisbolista dominicano George Bell era su héroe de niño. Este jugador habría sido reconocido como el Jugador Más Valioso (MVP) el mismo año en que el joven dominicano empezara a jugar béisbol en el año 1987. Bell inspiró a Ramírez y a otros chicos para que jugaran a su máximo, quizá incluso pudieran llegar a las Ligas Grandes.

George Bell

Jorge Antonio Bell Mathey, mejor conocido como George Bell, nació en San Pedro de Macorís en el año 1959, y fue una de las mayores figuras dominicanas de las Ligas Grandes. Jugó para Los Blue Jays de Toronto, Los Cachorros de Chicago, y Los Medias Blancas de Chicago. (Es apenas lógico que Aramis Ramírez terminara jugando en los mismos equipos que su héroe deportivo.) Bell era excelente jardinero y bateador. Fue el Jugador Más Valioso (MVP) de las Ligas Americanas en el año 1987.

Ciudad de Béisbol

Santo Domingo ha producido muchos jugadores de las Grandes Ligas. La capital de la República Dominicana tiene muchos habitantes; no es de sorprenderse que algunos de ellos terminen siendo jugadores de béisbol. La lista incluye grandes nombres como Carlos Peña, Alberto Pujols, y David Ortiz. Hay docenas de jugadores que vienen de Santo Domingo, y muchos de ellos siguen jugando activamente hoy por hoy.

Las temporadas de béisbol en la República Dominicana empiezan en octubre y duran todo febrero; cuando los peloteros de las Ligas Mayores han terminado su temporada en Norte América, muchos regresan a jugar en el Parque Quisqueya de Santo Domingo, un estadio muy bien cuidado y bastante grande con capacidad para 16,000 personas. Ambos equipos dominicanos—Los Leones de Escogido como Los Tigres de Licey—juegan en el Estadio de Quisqueya.

Béisbol en la República Dominicana

Todos saben que el béisbol es muy importante en le República Dominicana—¿pero sabe cómo llegó aquí en primer lugar?

No sabemos con seguridad, pero muy posiblemente llegó a Quisqueya a finales del 1800. Los Estados Unidos trajo el deporte a Cuba en los 1860s, y luego inmigrantes cubanos se mudaron a la República Dominicana. Una vez que estaban ahí, empezaron a jugar el deporte de la pelota caliente.

Los primeros equipos dominicanos se formaron en 1894 o 1895; uno de los primeros equipos fueron Los Tigres de Licey, quienes eran los mejores del momento. Otros equipos se unieron y terminaron formando un equipo grande que buscaría derrotar a Los Tigres; se llamarían Los Leones de Escogido. Luego hubo más equipos formándose a principio de los 1900, y para 1920, había 30 equipos dominicanos.

Cuando Rafael Trujillo se hizo cargo, trató de modernizar el deporte. Construyó un estadio grande, donó dinero a los equipos de béisbol, y fundó su propio equipo; de hecho fundó una Liga Oficial de Béisbol. Cuando fue obligado a dejar el país, el deporte colapsó por escasez de fondos, pero la gente seguía practicándolo en las calles.

La Liga Dominicana se comenzó en 1951, y el béisbol *profesional* llegaría para quedarse. Pueblos y ciudades producían muchos jugadores grandiosos, y había grandes estrellas jugando tanto en la Liga Dominicana en invierno, como en equipos de **Ligas Menores** y Mayores Norte Americanas durante verano y otoño.

En la actualidad, cada fanático conoce la **herencia** de un beisbolista dominicano que creció descalzo usando un cartón de leche como guante, un mango de escoba como bate y limones por pelotas—y de alguna manera se transforma en un "Gran Papi", un Vlad Guerrero, o un Aramis Ramírez. Pero el padrino—aquel que hace que su transformación mágica tome lugar— es el "buscón"—el manager o entrenador—y frecuentemente es tan villano como salvador!

Los buscones frecuentemente mienten acerca de las edades de sus jugadores. (Legalmente, un chico no puede ser contratado por un equipo de **Ligas Mayores** hasta que tiene, al menos, 16 años.) Los entrenadores y manejadores los dejan por fuera de la escuela y los inyectan con esteroides para acelerar su crecimiento muscular. Estos buscones pueden incluso tomar a la mayoría de los bonos, aun sin el conocimiento de los jugadores. Al-

gunas veces, exploradores y oficiales han perdido sus puestos por culpa de sus negocios con buscones.

Pero George Bell no es el único beisbolista dominicano fantástico.

Las ligas de béisbol americanas se interesaron por los beisbolistas dominicanos en los años 1960s. En el comienzo, los equipos firmaban con los peloteros por US$2000 dólares con una bonificación de US$500 para el buscón. Esta situación cambió para los años 90s, cuando el lanzador Ricardo Aramboles **firmara** por US$1 millón. Sorpresivamente, los prospectos tenían un valor de 6 o 7 ceros—y los buscones, así, podrían realmente ganar dinero con una apertura para tomar ventaja del sistema.

Las ligas enviaban dinero, jugadores y **cazatalentos** a la Isla. Los jugadores dominicanos tenían ahora la oportunidad de pulir sus habilidades contra algunos de los mejores talentos del mundo. se abrieron escuelas de béisbol a lo largo de la Isla, que ofrecían a los chicos la oportunidad de aprender a jugar pelota; claro, algunas eran buenas y otras malas. Las mejores les dieron a muchachos como Aramis Ramírez la oportunidad de cumplir su sueño. Actualmente, cada equipo de las Ligas Mayores tiene escuela o alguna clase de presencia en la Isla. El béisbol mantiene unidos a los Estados Unidos y la República Dominicana.

Y mientras la gente en todo el mundo presta más y más atención al béisbol dominicano, más buscones están operando como agentes legítimos y manejadores. No obstante la corrupción que todavía existe, los prospectos se convierten en afortunados chicos—como Aramis Ramírez—que lo hicieron tan bien en el mundo de la pelota caliente.

Esteroides

Los más comunes dentro de las drogas que realzan el rendimiento son los esteroides anabólicos. Estos químicos son similares a la testosterona que es la hormona masculina naturalmente producida por el organismo para ayudar y estimular el crecimiento de los músculos; esa es la razón por la cual cuando un deportista toma esteroides anabólicos recibe un impulso en su velocidad y fortaleza mayor que lo que el cuerpo puede producir por sí mismo. Las Grandes Ligas tanto como las otras organizaciones del deporte consideran que este consumo es hacer trampa.

Los esteroides pueden causar un alza poco saludable en los niveles de colesterol y presión sanguínea, lo que estresa al corazón, posibilitando enfermedades coronarias. En grandes dosis, pueden también causar falla hepática y tiene un efecto negativo en los niveles de azúcar en la sangre, causando problemas similares a los de la diabetes.

Si un adolescente (típicamente alguien menor de 17 años) consume esteroides anabólicos, los riesgos son frecuentemente mucho peores, pues éstos interrumpen e inhiben el crecimiento de los huesos con resultantes crecimientos atrofiados. Adicionalmente, los riesgos para el hígado y corazón son mayores, debido a que estos órganos en un adolescente no están completamente maduros y son más susceptibles al daño que los esteroides pueden producir. De hecho su consumo expone a problemas sicológicos que generalmente comienzan con agresividad pero con mucha frecuencia conlleva a situaciones aún más delicadas. Considerando estos riesgos para la salud, y el hecho de que los esteroides son casi universalmente prohibidos por las organizaciones deportivas, no deberían ser usados excepto por aquellos que tienen condiciones médicas legítimas que requieran su consumo.

Para el 2011, 420 beisbolistas de la República Dominicana habían jugado en las Ligas Mayores; hay más dominicanos jugando en la gran carpa del béisbol que jugadores de cualquier nación latinoamericana. Los dominicanos están dejando su marca en otros aspectos del juego también. Tony Peña, quien una vez jugó para Los Reales de Kansas City, dirigió el equipo contra Felipe Alou de los Gigantes de San Francisco, siendo esta la primera vez que dos compatriotas se enfrentaban en las Grandes Ligas.

Después, en el 2004, Omar Minaya se convirtió en el primer dominicano en ser manager general, trabajando para Los Mets de Nueva York. ¡Los isleños son líderes de primera clase en el mundo del béisbol!

Aramis y los demás jugadores dominicanos sirven de inspiración a los pequeños de las calles de su país, los mismos que sueñan con ser el próximo George Bell—o Aramis Ramírez. ¡Jugadores como ellos demostraron que los sueños pueden volverse realidad!

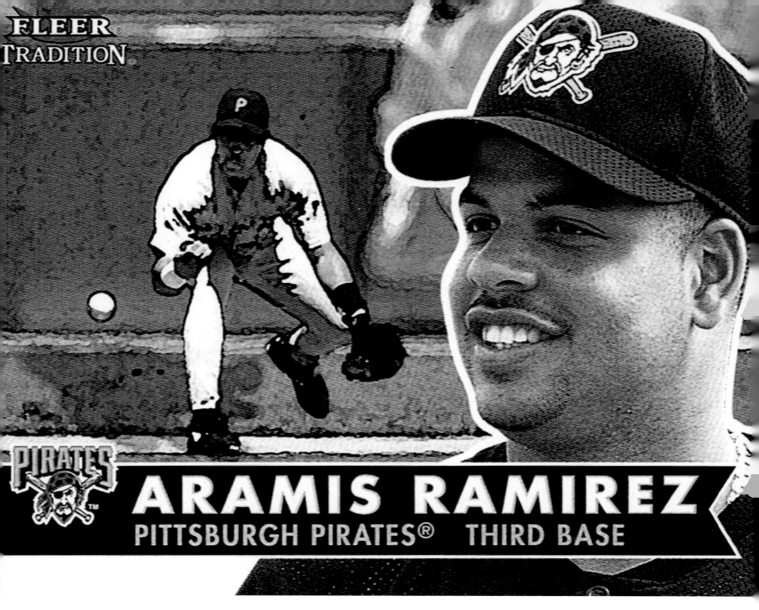

FLEER TRADITION

ARAMIS RAMIREZ
PITTSBURGH PIRATES® THIRD BASE

Capítulo 2

COMIENZOS

En 1994, cuando Aramis tenía solo 16 años, Los Piratas de Pittsburg lo vieron jugar—y les gustó, así que muy pronto lo contrataron como *agente libre* provisional. Él estaba a punto de jugar a nivel profesional, cuando muchos otros lo logran siendo un poco mayores.

Un poco después, empezó a jugar en las Ligas Menores de los Estados Unidos. Primero jugó para la Liga de Pensilvania y Nueva York. En sus 223 bateos, anotó 9 jonrones. ¡Su primer año fue todo un éxito! Todo indicaba que estaba destinado a grandes cosas.

Entonces, en 1997, ascendió a jugar con la Liga de Carolina. Esta vez tuvo 482 bateos y 29 jonrones. Su equipo confiaba en que lograría algunas anotaciones; era el jugador más joven pero lo estaba haciendo bastante bien. Un analista incluso lo calificó como el quinto mejor prospecto de las Ligas Menores de ese año. También fue reconocido como el Jugador Mas Valioso (MVP) de la Liga de Carolina.

El siguiente año también fue bastante bueno para Ramírez. Jugó con un equipo triple A de Liga Menor al principio de la temporada—y nuevamente lo hizo bastante bien. ¡Era especialmente bueno para jamás cometer strikes!

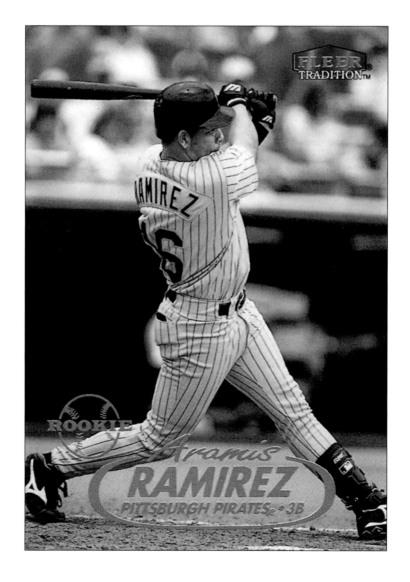

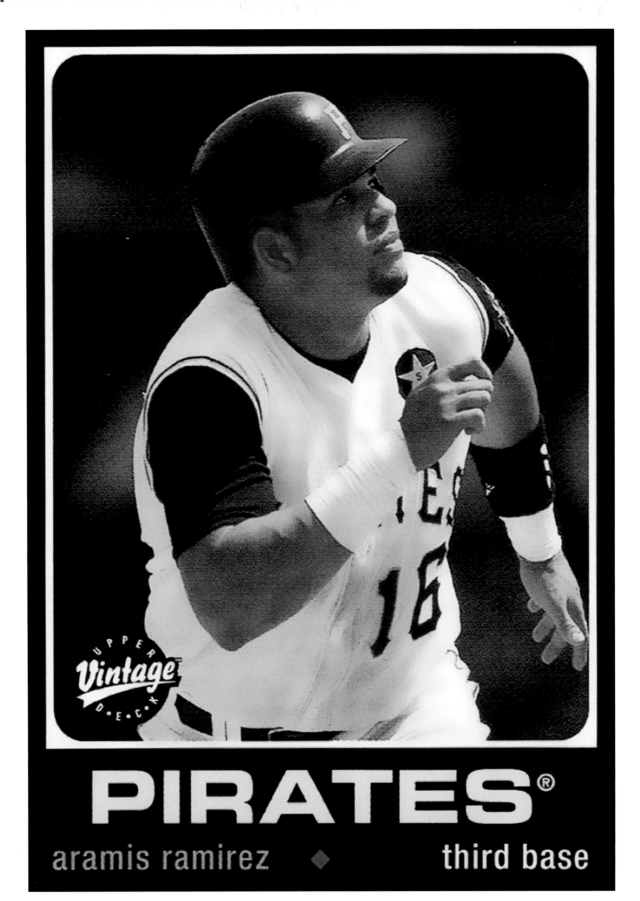

Las Ligas Menores

No todos los jugadores de béisbol salen directo de la escuela a las Ligas Mayores, siendo recomendable que obtengan primero algo de práctica en las Menores. Las Menores operan en muchos países, como Puerto Rico, Estados Unidos, Canadá, México, y la República Dominicana.

Los equipos de las Ligas Menores se relacionan con los de las Ligas Mayores, los cuales estudian a los jugadores de Ligas Menores y deciden quien jugará en su equipo. A veces los equipos de las Menores son llamados "de granja", donde "crían" al jugador para el equipo con el cual están afiliados. Algunas de las relaciones duran mucho tiempo y otras por solo un par de años.

Aunque Ramírez era todavía muy joven, Los Piratas notaron su juego. Ese año logró el siguiente paso—¡su debut con el equipo! Era además el jugador más joven de todas las Liga Mayores, con tan solo 20 años de edad. Ahora tenía que probar que podía jugar con cualquiera lo que era mucha presión sumada a competir en un país diferente.

Debido a que era tan joven, tuvo que luchar un tanto, pero Los Piratas no dejaron de creer en él. Lo regresaron a la triple A en 1999 de manera que pudiera practicar aún más. Anotó .328—de por si mucho mejor de lo que había estado anotando antes. Era la estrella del equipo triple A de ese año.

En el 2000, invirtió un poco más de tiempo en las Ligas Menores . . . y algo en las Mayores, en las cuales siguió mejorando sus bateos. Había tenido un promedio de .256 cuando jugaba con Los Piratas.

Hasta ahora le iba bastante bien en las Menores, así que ya era tiempo de incrementar su juego. Y esta vez se quedaría en las Mayores permanentemente.

ARAMIS RAMIREZ

16

3B

PIRATES

Capítulo 3

EL GRAN
MOMENTO

El joven Aramis Ramírez estaba finalmente listo para realmente empezar su carrera en las Ligas Mayores. Había pasado mucho tiempo en las Menores, mejorando cada vez más . . . pero ese era solo el comienzo de su juego.

Incluso en su lento comienzo, Ramírez ya había dado muestras de ser un jugador de la Ligas Mayores. Ha logrado cifras sorprendentes en casi todas las temporadas y sus equipos lo ven como su líder.

Últimos Años con Los Piratas

En el 2001, empezó jugando con Los Piratas de Pittsburg todo el tiempo. Ya había dejado a las Menores para siempre. Ese año anotó un promedio de .300, y logró 112 *carreras impulsadas* y 34 jonrones. Todo indicaba que había encontrado su lugar en las Grandes Ligas.

El siguiente año no fue tan bueno; su bateo había desmejorado a un promedio de .234 y 18 jonrones. Al igual que muchos jugadores en su segundo año, estaba padeciendo. ¿A dónde iría ahora?

Los Cachorros

Los Piratas decidieron transferir a Ramírez en julio del 2003. Los Cachorros de Chicago lo sacaron de Los Piratas.

Era definitivamente una buena decisión para Los Cachorros y para Ramírez. No lo había estado haciendo tan bien con Los Piratas, pero al

Ramírez empezó jugando en las Ligas Mayores en 2001.

mudarse a Chicago, mejoró mucho su juego. En el 2003, Los Cachorros llegaron a los *playoffs*. Ramírez tuvo su primer "probadita" de la victoria, a pesar que Los Cachorros no llegaron a la Serie Mundial tras haber sido derrotados por Los Marlins de Florida en la serie de campeonato de la Liga Nacional

Eso no le afectó demasiado. Era uno de las luminarias en el desempeño del playoff de Los Cachorros;

anotó el primer jonrón del equipo y terminó logrando dos más. De ahí en adelante, Ramírez mostró su calidad con un nuevo equipo.

En el 2004, tuvo 103 carreras y 36 jonrones. ¡Estaba haciendo historia! Ese año se convertiría en el 14avo jugador en anotar jamás tres jonrones en dos juegos durante una sola temporada, por todo lo cual fue reconocido como el Jugador del Año de Los Cachorros.

La habilidad y trabajo duro de Ramírez daba resultado. En el 2005, jugó su primer *Juego de las Estrellas* en las Ligas Mayores. Desafortunadamente, ese año fue también el primero que terminaría en la *lista de lesionados* tras haberse lastimado el cuádriceps izquierdo en agosto, debiendo guardar reposo—pero aun así, logró 92 carreras impulsadas y 31 jonrones en esa temporada.

El 2006 fue otro buen año para ambos Aramis y Los Cachorros. El beisbolista logró su anotación número 1,000 en las Grandes Ligas el 15 de julio—y también tenía un gran desempeño como tercera base. Al final de la temporada, el dominicano tenía una elección, desde que su *con-trato* con Los Cachorros había expirado: podría unirse a otro equipo si lo deseaba . . . pero él quería quedarse. Firmó otro contrato con Chicago por cinco años y US$73 millones.

Hasta ahora, Los Cachorros habían resultado ser un gran equipo para Ramírez. Su segunda temporada con ellos no era distinta.

En abril del 2007, anotó el 200avo jonrón de su carrera. También logró unas impresionantes 101 carreras impulsadas que los llevaron a los playoffs, el máximo logrado por cualquier jugador del equipo jamás. En parte era gracias a él que su equipo había ganado el título de la División Central de la Liga Nacional. El beisbolista lo hacía cada vez mejor. (De hecho, hasta ahora le había ido bastante bien.)

El 2008 fue tan bueno como su año anterior con Los Cachorros. Aramis Ramírez fue uno de los mejores terceras bases de todas las Ligas Mayores. Estuvo en la reserva del Juego de Las Estrellas y, aun mas, ganó el Premio Hank Aaron al mejor jugador ofensivo de la Liga Nacional. Sus admiradores pensaban que era grandioso al igual que aquellos que manejaban el mundo del béisbol.

Hank Aaron

Uno de los mejores beisbolistas de todos los tiempos fue Hank Aaron, quien naciera en Alabama en 1934. Por ser negro tuvo que jugar primero en la Liga Negra, debido a que en ese tiempo el béisbol era segregado. ¡La gente de color y los blancos no podían jugar juntos!

Aaron era vital para las Ligas Negras. Ayudó a su equipo a ganar la Serie Mundial de Ligas. De hecho, era tan bueno que las Ligas Mayores se dieron cuenta, y en 1953, Los Bravos de Milwaukee (hoy Los Bravos de Atlanta) lo contrataron y luego jugaría para Los Cerveceros de Milwaukee.

Aaron tiene muchos récords: logró 2,297 carreras impulsadas y 755 jonrones. En años recientes ese record ha sido superado, pero Hank Aaron vive en la memoria. Alimenta la imaginación de los seguidores del béisbol en todo el mundo.

Hank Aaron fue uno de los mejores beisbolistas en el mundo.

Los Piratas decidieron transferir a Ramírez en julio del 2003 a Los Cachorros de Chicago.

Tiempo después, Ramírez tuvo algunos problemas. Pasó mucho del 2009 en la banca, debido a un hombro dislocado—buscando una pelota, cayó sobre su hombro—lo que significaba que no podría jugar por un tiempo. De hecho, ya antes se había lastimado el mismo hombro en el 2000. Le tomaría tiempo sanar completamente y solo pudo jugar 82 partidos en esa temporada.

Después de su lesión, Aramis no lo hizo muy bien. El año 2010 no fue el mejor de su carrera y había tenido un promedio de .241, lo que está muy por debajo de sus logros anteriores. Ahora estaba de nuevo en la banca de lesionados, debido a una pulgar lastimado. Pero eso fue solo una temporada. ¡No le tomó mucho tiempo volver a la acción!

En el 2011 estaba bateando mejor, con un promedio de .306, con 93 carreras impulsadas y 26 jonrones. Una vez mas era uno de los mejores beisbolistas. En julio de ese año, anotó el 300avo jonrón de su carrera—y le pidieron jugar en el Juego de las Estrellas, pero terminó declinando. Era el Jugador Más Valioso de Los Cachorros de Chicago del año . . . y también ganó el Premio Slugger de Plata de la Liga Nacional.

Siguiendo Adelante

Ramírez había jugado con Los Cachorros de Chicago por mucho tiempo e incluso había renovado su contrato una vez. En el 2011, se cerraba el segundo año de su contrato. ¿Se quedaría? ¿Se mudaría?

El dominicano decidió convertirse en agente libre. Después de hablar con muchos equipos, terminó quedándose muy cerca de Chicago—jugaría para el rival de Los

El Premio Slugger de Plata

Cada año se entrega el Premio Slugger de Plata, y nuevamente los managers y entrenadores se encargan de la votación. Eligen los dos mejores jugadores de cada posición, uno por cada liga. El premio es una placa con un bate dorado de tamaño real pegado a ella. Este premio es muy parecido al Guante Dorado que premia las habilidades defensivas del beisbolista, mientras el Slugger de Plata es entregado al mejor bateador.

Ramírez jugaba con Los Cachorros de Chicago por 8 años. Aquí juega en un juego contra Los Gigantes de San Francisco en 2009.

Número 16

Muchos beisbolistas sienten que tienen que ponerse cierto número. Para algunos es su número de la suerte; juegan mejor cuando se lo ponen. Y para Aramis, el elegido era el 16.

Cuando Ramírez se unió a Los Piratas, se puso el número 16. Eligió ese número porque su padre se lo recomendó, pero su padre nunca le dijo por qué sentía que era un número especial. El joven no preguntó, ni siquiera cuando su padre murió, después de lo cual el siguió vistiéndolo, conmemorando a su padre y el apoyo que le brindaba. Cuando Ramírez se mudó de Los Cachorros a Los Cerveceros, siguió usando el 16, incluso pidiéndole a otro jugador que se lo cediera.

Cachorros, Los Cerveceros de Milwaukee, quienes estaban en la misma división de la misma liga. En diciembre de ese año, firmó contrato de tres años con Los Cerveceros por US$36 millones. ¡A los 33, era el jugador que los mejores equipos deseaban tener!

Aramis esperaba que Los Cerveceros le dieron una oportunidad de llegar a las Series Mundiales. En toda su carrera, nunca ha llegado a ese nivel.

Hay otra razón por la cual el beisbolista está tan emocionado y es que . . . ¡su estadio es bajo techo! El Miller Park tiene techo retractable para temporadas frías de manera que pueda activarse el sistema de calefacción. Aramis ha dicho, "Soy dominicano. Vengo de una isla y era siempre difícil jugar al principio de la temporada en Chicago. Aquí en el Miller Park, no tendré que lidiar con el frío." Tal vez le ayude a jugar aún mejor.

En más de ocho temporadas con Los Cachorros, Ramírez tuvo un bateo promedio de .306. En seis de esas temporadas, anotó mas de 100 carreras impulsadas. Logró muchas anotaciones y jonrones. Sus admiradores y compañeros de equipo parecían estar de acuerdo con que Ramírez fue una excelente decisión para Los Cachorros. ¡No hay razón para pensar que no seguirá jugando así de bien con su nuevo equipo!

Capítulo 4

MÁS ALLÁ DEL BÉISBOL

Los beisbolistas pasan mucho tiempo jugando béisbol, por supuesto—pero también hacen otras cosas. Una de las actividades más importantes es la ayuda social. Muchos de ellos piensan que deben retribuir a las comunidades donde crecieron y aquellas en las que juegan hoy por hoy, así que usan su fama para promover causas nobles.

Algunos jugadores donan dinero, otros pasan tiempo levantando fondos, y otros se encargan de programas de ayuda educativa para niños y jóvenes. Aramis es uno de esos beisbolistas que ayudan a hacer un mundo mejor. Trabaja para hacer lo que puede como figura pública que es.

Algo del trabajo social de Ramírez se ha hecho en su tierra natal. En el 2009, la Fundación de Los Cachorros de Chicago anunció que donarían US$47,000 a la República Dominicana, con el fin de promover proyectos comunitarios dirigidos por la Alianza para el Desarrollo Dominicano de la MLB (Major League Baseball).

Muchos ayudaron a que esto fuera posible y Ramírez fue uno de ellos. Él junto a otros beisbolistas pusieron

Aramis Ramírez sabe que el béisbol es importante—pero ayundando a otros es también muy importante.

Roberto Clemente

Roberto Clemente fue uno de los mejores jugadores en la historia del béisbol, como también un excelente ejemplo de caridad y generosidad que inspira a todos los beisbolistas hoy por hoy.

Nació en Puerto Rico en 1934 y trabajó duro su camino hacia las Ligas Puertorriqueñas. Pasó gran parte de su carrera con Los Piratas de Pittsburg, ganando muchos premios: el MVP de la Serie Mundial, el del Juego de las Estrellas por 12 temporadas, y 12 Guantes Dorados.

Tuvo que lidiar con el racismo al comienzo de su carrera. Fue uno de los primeros latinos y negros en jugar para las Grandes Ligas y ayudó a romper la barrera del color en los años 50.

También paso mucho tiempo en causas benéficas. La caridad era muy importante para él. De hecho, murió trágicamente ayudando a otros. En 1972, un terremoto sacudió a Nicaragua, y Clemente deseaba ayudar a los sobrevivientes, llevándoles comida y otros implementos. Durante la Noche de Año Nuevo abordó un avión cargado con ayuda . . . que lamentablemente chocó en el océano sin sobreviviente alguno.

Hasta la fecha, Clemente es recordado como un excelente beisbolista y ser humano.

dinero que luego sería usado para mejorar el cuidado médico en Santiago y mejoras escolares en Caobete.

Aramis y algunos otros jugadores incluso se presentaron en una ceremonia que anunciaba el programa de ayuda. El evento se llevó a cabo en la Academia Dominicana de Los Cachorros en Boca Chica, donde aprovecharon para anunciar a la comunidad lo que iban a hacer ¡Fue una gran celebración!

En Chicago

Ramírez también ayuda a la ciudad y estado donde ha jugado durante tanto tiempo. Hace poco conoció un niño del estado de Illinois que estaba muy enfermo y deseaba conocer a su beisbolista favorito—Aramis Ramírez. Sus padres le enviaron la solicitud a un programa especial que lo hizo posible . . . y muy pronto, su deseo se volvió realidad. El niño pasó todo un día con Los Cachorros y conoció a su héroe y a sus compañeros.

Estatua de Roberto Celemente en el Parque de Béisbol en Pittsburg, Pennsylvania.

Aramis Ramírez es una estrella dentro y fuera del campo.

La lista de ayudas sociales de Ramírez es bastante larga. Es el patrocinador de un equipo infantil de niños que viven entre ciudades y que de otra forma no podrían tener oportunidad de practicar dicha modalidad.

Aramis Ramírez ha ayudado a reunir fondos para la Fundación de Investigación contra la Diabetes Juvenil y las ayudas sociales de Los Cachorros de Chicago. Aparece en posters y anuncios de la Biblioteca Pública de Chicago, motivando a los chicos a la lectura. Incluso ha sido filmado leyendo cuentos a los niños de un hospital de Chicago

Aramis Ramírez es una estrella dentro y fuera del campo. Sus admiradores están siempre expectantes por ver lo que sigue en su carrera. ¡Si los años anteriores han probado algo es que Ramírez con toda seguridad seguirá siendo uno de los mejores beisbolistas de todos los tiempos!

Alianza para el Desarrollo Dominicano de la MLB

La MLB-ADD es un programa cuya razón de ser es ayudar a la República Dominicana. Las Grandes Ligas, en conjunto con otras organizaciones dominicanas y Los Estados Unidos, reúnen fondos para fortalecer programas de lucha contra la pobreza. Mejoran de hospitales y escuelas y motivan a los chicos a la práctica del béisbol.

Lou Meléndez, el vice-presidente de Operaciones Beisboleras Internacionales, declaró: "El béisbol es el juego de América, pero es la pasión dominicana. Esta es una gran oportunidad para que el béisbol movilice gente y recursos para ayudar a los menos privilegiados del país."

Descubra Más

Por Internet

Historia del Béisbol Dominicano

www.misterdeportes.com/no11/art05.htm

Kidzworldespañol

www.kidzworldespanol.com/articulo/2293-grandes-momentos-beisbol

LIDOM

www.lidom.com.do

MLB

mlb.mlb.com/es/index.jsp?c_id=mlb

En los Libros

Cruz, Hector H. *Béisbol Dominicano: Orígenes, Evolución, y Héroes.* Santo Domingo, D.R.: Alfa y Omega, 2006.

Kurlansky, Mark. *Las Estrellas Orientales: Como el Béisbol Cambio el Pueblo Dominicano de San Pedro de Macorís.* New York: Riverhead Books, 2010.

Wendel, Tim. *Lejos de Casa: Jugadores de Béisbol lations en los Estados Unidos.* Washington, D.C.: National Geographic, 2008.

Glosario

agente libre: Un jugador que al momento no tiene contrato con equipo alguno.

carreras impulsadas (RBI): Número de puntos que obtiene un bateador por lograr una anotación para su equipo.

cazatalentos: Personas a cargo de encontrar los mejores jugadores jóvenes para adherirse a los equipos para los cuales trabajan.

contrato: Un compromiso por escrito entre el jugador y el equipo en el que se registra la ganancia que devengará el beisbolista y la cuantía de tiempo.

cultura: La identidad de un grupo de gente que incluye gustos, creencias, idioma, comida, y arte.

defensa: Jugar evitando que el otro equipo anote, incluyendo las posiciones de jardín externo e interno, pitcher, y catcher.

división: Un grupo de equipos que compiten por el campeonato; en las Ligas Mayores, las Divisiones están determinadas por su ubicación geográfica.

firmar: Estar de acuerdo con lo contratado por algún equipo en particular.

gerente general: La persona a cargo de la dirección administrativa del equipo de béisbol, y quien es responsable de guiarlo.

herencia: Algo que se pasa desde las generaciones anteriores.

Juego de las Estrellas: El torneo jugado en julio entre los mejores jugadores de cada una de las dos ligas dentro de Grandes Ligas.

Ligas Mayores de Béisbol (MLB): El más alto nivel de béisbol profesional en los Estados Unidos y Canadá.

Ligas Menores: El nivel de béisbol Professional inmediatamente anterior a las Ligas Mayores.

lista de lesionados: Lista de jugadores que se han lesionado y no pueden jugar por algún período de tiempo no determinado.

negociar: Hacer un acuerdo con otro equipo para intercambiar jugadores.

novato: Jugador en su primer año dentro de las Ligas Mayores.

ofensiva: Jugar para anotar carreras estando al bate.

playoffs: Series de partidos que se juegan al final de la temporada regular para determiner quien ganará el campeonato.

profesional: Nivel de béisbol en que el jugador recibe remuneración.

promedio de bateo: Una estadística que mide la calidad del bateador, calculada al dividir el número de bateos logrados por las veces que toma el bate.

Índice